Leve de nieuwe koning!

Koos Meinderts
tekeningen van Annette Fienieg

Koning Mauz de Derde

Koning Mauz de Derde is ziek.
Hij is moe en oud en op.
Hij gaat dood.
Twee lakeien houden de wacht.
Lakei De Bruin en lakei De Wit.
Ieder aan een kant van het bed.
De Wit voelt de pols van de koning.
'Voel je wat?' vraagt De Bruin.
'Weinig, De Bruin.
Tijd voor de proef met de veer.'
Hij pakt een veertje uit zijn zak.
Hij legt het op de mond van de koning.
Het veertje blijft liggen.
Misschien wel een minuut lang.
Dan zweeft het omhoog.
Een klein eindje maar.

'Hij ademt nog, De Bruin.

Maar het is niet veel meer.

Het kan elk moment gebeurd zijn.'

De twee lakeien zwijgen.

De koning kreunt.

Dan opent hij zijn mond.

Zou hij nog iets zeggen?

Een paar beroemde laatste woorden?

Zoals: *'Ik hou van mijn volk.'*

Of: *'Ik sterf in vrede.'*

De twee lakeien buigen zich voorover.

De koning zegt iets, maar wat?

'Iets harder praten,' zegt De Bruin.

'Een klein beetje maar,' zegt De Wit.

De koning tilt zijn zieke kop op.

'Kaas...,' fluistert hij.

De twee lakeien schieten omhoog.

Kaas, de koning wil kaas!

Maar wat voor kaas?

Wil de koning oude kaas?

Of juist jonge kaas?

Friese kaas of Franse kaas?

Of blieft de koning liever Goudse kaas?

Of anders Leidse kaas?

Smeerkaas misschien?

Lekker dik op een toastje?

Of een beschuitje pindakaas?

Dan zwaait opeens de deur open.
Een koude tocht vult de kamer.
Op de drempel staat de Dood.
Hij houdt een dienblad vast.
Op het dienblad ligt een kaasje.
Daarnaast staat een glas wijn.
De Dood loopt naar het bed.
De koning richt zich op.
Hij pakt het kaasje.
Hij neemt een hapje.
'Heerlijk!' zegt hij.
Hij legt het kaasje terug op het blad.
Dan pakt hij het glas wijn.
Hij neemt een slokje.
'Hemels!' zegt hij.
Hij zet het glas terug op het blad.
De Dood neemt het woord.
'Koning Mauz de Derde,' zegt hij.
'U weet wie ik ben?'
De koning knikt.
'En ook waarom ik ben gekomen?'
De koning knikt opnieuw.
'Welnu dan,' vervolgt de Dood.
'Bent u bereid met mij mee te gaan?
Wat is hierop uw antwoord?'
De koning zwijgt even.
Alsof hij twijfelt.

Dan geeft hij antwoord.
Luid en duidelijk.
'Ja, ik wil,' zegt hij.
'Mooi,' zegt de Dood.
'Is er nog iets wat u wilt zeggen?
Een paar beroemde laatste woorden?'
De koning denkt diep na.
'Nee,' zegt hij dan.
'Er schiet me zo gauw niets te binnen.'
'Goed,' zegt de Dood.
'Dan verklaar ik u nu voor gestorven.'
De Dood klapt in zijn handen.
'Muziek!' roept hij.
En meteen klinkt er hemelse muziek.
De Dood pakt de koning bij een poot.
'Mag ik deze dans van u?'
Koning Mauz de Derde staat op.
Hij vleit zich in de armen van de Dood.
Dansend verlaten zij de kamer.

Neuzen tellen

Lakei De Wit zet de klok stil.
Lakei De Bruin hangt de vlag halfstok.
Ze nemen plaats naast de lege troon.
Ze eten niet.
Ze drinken niet.
Ze praten niet.
Ze lachen niet.
Zeven dagen lang.
Op de achtste dag is het voorbij.
Bij het eerste licht van de zon.
Lakei De Wit laat de klok weer lopen.
Lakei De Bruin hijst de vlag in top.
'En nu?' vraagt De Wit.
'Nu moet er een opvolger komen.'
'Iets voor jou, De Wit?' vraagt De Bruin.
'Zeker wel,' zegt De Wit.
'Een koning hoeft niets.
Heerlijk lijkt me dat.'
'Eén dagje misschien,' zegt De Bruin.
'Maar langer niet.
Ik zou me rot vervelen.'
'Ik niet, hoor.
Heerlijk de hele dag worden bediend.
Alles staat voor je klaar.
En je hoeft zelf niets te doen.'

'O nee?

En wat dacht je van pootjes schudden?

En wuiven?

En de hele dag glimlachen?

Ook als je een rotbui hebt?'

'Ja, je moet wel toneel kunnen spelen.

Maar dat kan ik wel.

Ik zou een goeie koning zijn.

Koning De Wit de Eerste.

Koning van het Zolderrijk.

Hoe klinkt dat?'

'Dat klinkt niet,' zegt De Bruin.

'Dat stinkt naar schimmelkaas.

Je hebt het te hoog in je bol, De Wit.

Je bent maar een gewone lakei.'

'Moet je horen wie het zegt.'

'Ik, lakei De Bruin de Eerste.

En dat vind ik hoog zat!'

Lakei De Wit pakt de bel.

Een helder geluid klinkt door het paleis.

Zo waarschuwt hij de geleerden.

Zij gaan een opvolger zoeken.

Daar komt de eerste geleerde al.

Hij neemt plaats aan tafel.

Algauw volgen de andere geleerden.

De oudste geleerde telt de neuzen.

Het moeten er zeven zijn.

Maar hij telt er maar zes.
'Hoe kan dat nou?' zegt hij.
'Iedereen is er.'
Hij telt nog een keer.
Weer telt hij zes neuzen.
'U vergeet een neus,' zegt De Bruin.
'Uw eigen neus,' zegt De Wit.
De geleerde pakt zijn neus beet.
'Eén,' zegt de geleerde.
Dan telt hij verder.
Nu komt hij wel op zeven.
'Alle geleerden zijn er,' zegt hij.
'We kunnen beginnen.'

Een nieuwe koning

De zeven geleerden denken na.
In stilte.
Ieder voor zich.
Tot ze zijn uitgedacht.
Dan gaan ze praten.
Over een nieuwe koning.
Wat voor koning dat moet zijn.
En wie dat moet worden.
Eerst praten ze rustig.
Keurig om de beurt.
Maar algauw praten ze sneller.
En harder.
En door elkaar heen.
Het praten wordt roepen.
Het roepen wordt schreeuwen.
Dan gaat opeens de deur open.
Een koude tocht vult de zaal.
De geleerden zwijgen op slag.
Ze draaien zich om naar de deur.
Op de drempel staat de dode koning.
Koning Mauz de Derde.
Hij loopt naar de lege troon.
Hij legt zijn kroon erop.
'Wie de kroon past, is koning,' zegt hij.
Meer zegt hij niet.

Hij draait zich om en verlaat de zaal.

De geleerden kijken elkaar aan.

Dan staan ze op.

Ze gaan rond de troon staan.

Om beurten zetten ze de kroon op.

De Bruin en De Wit zijn de jury.

Zij kijken wie de kroon past.

Keer op keer schudden ze nee.

Nu eens is de kroon te groot.

En dan weer te klein.

Of te krap of te wijd.

'Het spijt ons,' zegt De Bruin.

'Er is geen koning bij.'

Boos lopen de geleerden de zaal uit.

'Hoe moet dat nou?' zegt De Bruin.

'Een volk zonder koning!

Dat kan toch niet!'

'Weet je wat?' zegt De Wit.

'Ik offer me op!'

Hij pakt de kroon van de troon.

Hij glimlacht.

'Ziehier uw nieuwe koning,' zegt hij.

'Koning De Wit de Eerste.

Koning van het Zolderrijk.'

'En ik dan?' zegt De Bruin.

'Jij bent mijn lakei.

Jij mag me kronen.

Ik zal je laten zien hoe dat moet.
Kniel voor me neer.'
De Bruin doet wat De Wit zegt.
'Zo blijven zitten,' zegt De Wit.
'En dan?' vraagt De Bruin.
'Dan moet je iets zeggen.'
'Wat dan?'
'Dat je mij tot koning benoemt.'
'En jij, wat doe jij?'
'Dan beloof ik dat ik trouw zal zijn.
Trouw aan mijn volk.'
'En is het dan klaar?'
'Dan zet je mij mijn kroon op.'
'Moeten we dat ook oefenen?'
'Goed,' zegt lakei De Wit.
Hij pakt de kroon van de troon.
En zet hem op de kop van De Bruin.
'Verrek,' zegt hij dan.
'Hij past!
Hij zit als gegoten!
Dat betekent dat jij, dat u...'
'Dat ik de nieuwe koning ben.
Koning De Bruin de Eerste!'

De koning verveelt zich

Koning De Bruin is niet blij.
Hij is liever lakei.
'Ik treed af!' zegt hij.
'Dat kan niet,' zegt lakei De Wit.
'Dan zitten we weer zonder koning.'
'Zeg dan wat ik moet doen.'
'Wat de oude koning ook deed.
Op de troon zitten.
En glimlachen.
En af en toe wuiven.
En pootjes schudden.'
'Met wie?'
'Met wie er op bezoek komt.'
Koning De Bruin zucht.
Hij gaat op de troon zitten.
Hij glimlacht.
Hij zwaait.
En wacht tot er bezoek komt.
Maar er komt geen bezoek.
Dan geeft hij De Wit maar een pootje.
De Wit trekt zijn poot terug.
'Ik ben toch geen bezoek?' zegt hij.
'Weet ik,' zegt de koning.
'Maar ik verveel me zo.'
'Nodig dan bezoek uit.

Geef een feest.'
'Wat valt er dan te vieren?'
'Dat u koning bent!'
'Wat een feest!' zegt de koning.
Toch doet hij wat De Wit zegt.
Hij stelt een brief op.
Samen met lakei De Wit.

Zoldervolk!

Ik ben jullie nieuwe koning.
Ik wil jullie allen de poot schudden.
En daarom geef ik een feest.
Een groots kaasfeest.
Komt allen!

Koning De Bruin

De koning rolt de brief op.
Hij geeft hem aan De Wit.
'Ga naar het volk.
En lees de brief voor.
Met luide stem.
Zodat iedereen het kan horen.'
De Wit maakt een buiging.
Hij verlaat de troonzaal.
Met de brief in zijn poot.

De koning neemt plaats op de troon.
Hij maakt een feest-dingen-lijstje.

Eten:
- Goudse kaas (veel)
- Leidse kaas
- Friese kaas (zonder pitjes)
- Franse kaas (brie!)

Drinken:
- rode wijn (minimaal 6 flessen)
- witte wijn (hoeveel?)
- rosé (?)
- limo (voor de kleintjes)

Versiersels:
- slingers
- ballonnen
- lampions (met lichtjes)
- feesthoedjes (diverse maten)

De koning bekijkt het lijstje.
Hij krijgt zin in zijn feest.
Hij glimlacht ervan.
En zingt een kaaslied:

Kaas met wijn en kaas op brood.
Kaas voor klein en kaas voor groot.
Kazen hap en kazen slik.
Kaas voor dun en kaas voor dik.

'Wat bent u vrolijk!'

Het is lakei De Wit.

Zijn stem klinkt schor.

Van het voorlezen.

'Iedereen weet het, koning,' zegt hij.

'Ze komen allemaal.'

'Aan de slag dan,' zegt de koning.

'Pak de slingers.

Haal de wijn.

Verzamel de kazen!'

Lakei De Wit rent ervandoor.

Even later is hij terug.

Met een hoop slingers.

Een doos ballonnen.

Een stapel hoedjes.

En genoeg wijn.

Maar met maar één kaas.

Een halve.

Veel te weinig.

Wat nu?

Op kaasjacht

De Bruin heeft een plan.
Ze gaan op kaasjacht.
Naar het Kelderrijk.
Daar ligt de lekkerste kaas.
Ze lopen een trap af.
En nog een trap.
'Zijn we er al?' vraagt De Wit.
'Bijna,' zegt De Bruin.
'Zie je die deur daar?
Aan het eind van de gang.
Daar moeten we door.
Daarachter ligt het Kelderrijk.
Dan nog één trap af.
En dan zijn we er.
In het Land van de Kaas.
Kom mee, De Wit.
Volg mij!'
Daar gaan ze weer.
Ze zingen het kaaslied.

Kaasje dik en kaasje rond.
Kaas is lekker en gezond.

Ze zijn bij de deur.
Ze houden op met zingen.

De Bruin pakt de deur beet.
'Treed binnen in het beloofde land.
Het land van de kaas.'
Plechtig doet hij de deur open.
'Na jou, De Wit.'
De Wit kijkt het Kelderrijk in.
Wat is het er donker.
Dan opeens ziet hij twee lichtjes.
Twee groene lichtjes.
Fonkelend als juwelen.
Ze zien er mooi uit.
Maar ook eng.
De lichtjes komen omhoog.
De trap op.
Bovenaan blijven ze staan.
De Wit huivert.
Hij doet een stap naar achter.
Hij botst tegen De Bruin.
Ze vallen achterover.
Ze kijken omhoog.
Die lichtjes, dat zijn ogen!
Ogen van een nachtzwart monster.
Met een bek vol tanden.
Blikkerend als speren.
Het monster opent zijn bek.
Wat een walm!
De stank van dooie vis.

'Zoeken jullie iets?' vraagt het monster.

De Bruin kijkt De Wit aan.

'Zochten wij iets?' vraagt hij.

'Ik niet, jij misschien?'

'Nee, ik ook niet,' zegt De Wit.

'Dan gaan we maar weer.

Dag meneer.'

Het monster houdt hen tegen.

'Ik heb jullie horen zingen,' zegt hij.

'Een lied over kaas.'

'Vond u het mooi?' vraagt De Wit.

'Waren jullie op zoek naar kaas?'

'Kaas, zegt u?'

'Jullie zijn toch muizen?

En muizen zijn toch gek op kaas?'

'U niet?' vraagt De Bruin.

'Ik ben een kat,' zegt het monster.

'En katten zijn gek op muizen!'

Het monster tilt een poot op.

Aan de poot zitten klauwen.

Scherp als scheermessen.

'Rennen!' roept De Wit.

De poot grijpt in de lucht.

Mis!

De Bruin rent de gang uit.

De Wit achterna.

Ze rennen de trap op.

Het monster kan hen niet bijhouden.

Bij de tweede trap geeft hij het op.

De Bruin kijkt om.

Hij mindert vaart.

De Wit pakt hem bij een poot.

'Blijven rennen, koning!'

Eindelijk, daar is de deur.

De poort naar het Zolderrijk.

Daar zijn ze veilig.

Maar voor hoe lang?

Het monster weet waar ze zijn!

Koning Kat de Eerste

Koning De Bruin denkt na.
Lakei De Wit denkt mee.
Ze moeten iets doen.
Het monster kan elk moment komen.
En dan zijn ze er geweest.
Dan worden ze opgevreten.
De koning, de lakei, iedereen.
Het hele Zoldervolk.
Ze moeten hem vangen.
Maar hoe?
Hoe vangt een muis een kat?
'Met een val!' roept De Bruin.
'We bouwen een kattenval!'
De Wit schudt zijn kop.
'Wat doen we in de val?
Een dooie muis?'
'Een dooie vis!' zegt De Bruin.
'En waar halen we die vandaan?'
'Uit het Kelderrijk.'
'En wie woont daar?'
De koning zwijgt.
Een val is toch niet zo'n goed idee.
Opnieuw denken ze na.
Maar helaas.
Ze weten niets te verzinnen.

Het monster is te groot.
Te sterk, te zwart en te veel.

'We moeten vluchten,' zegt De Wit.
'Er zit niets anders op.'
De Bruin kijkt om zich heen.
Het Zolderrijk verlaten?
Hij houdt zo van dit plekje.
Hij is er geboren.
En hij wil er ook doodgaan.
Maar niet worden vermoord.
Hij denkt opnieuw na.
Dan springt hij op.
'Ik ga met hem praten!' roept hij.
'Met het monster?' zegt lakei De Wit.

'Wie noemde mij daar monster?'
Voor hen staat de kat.
Groot en sterk en zwart en veel.
Lakei De Wit verstopt zich.
Achter de troon.
Maar koning De Bruin glimlacht.
Hij schudt het monster de poot.
'U komt als geroepen!' zegt hij.
'Ik wou juist naar u komen!'
'Naar mij?' vraagt het monster.
'Ik wil u iets geven,' zegt de koning.

'Mijn troon en mijn kroon.

Mijn hele koninkrijk.'

Hij doet zijn kroon af.

En zet hem op de kop van de kat.

'Hierbij benoem ik u tot koning.

Koning Kat de Eerste.

Koning van het Zoldervolk.

Neemt u plaats op uw troon.'

'Koning, ik?' zegt het monster.

'Ik heb niet eens een stamboom!'

'Geloof me,' zegt De Bruin.

'U bent een geboren koning.'

'Maar wat moet ik dan doen?'

'Op de troon zitten.

Glimlachen en wuiven.

En uw volk trouw zijn!'

'Mijn volk?'

'Het Zoldervolk!'

'Maar dat zijn muizen!'

'U bent toch dol op muizen?'

'Om op te eten, ja!'

'Foei, koning,' zegt De Bruin.

'Uw eigen volk opeten.

Dat is niet alleen slecht.

Maar ook dom!

Wat is een koning zonder volk?

Niets, helemaal niets!'

De Wit komt achter de troon vandaan.
Nu snapt hij wat De Bruin wil.
Is de vijand te sterk?
Maak hem dan te vriend.
Het lijkt te lukken.
Het monster neemt plaats op de troon.
'Ik ben koning!' zegt hij.
'Koning Kat de Eerste.
Koning van het Zoldervolk!'
Hij glimlacht en wuift.
De Bruin pakt een slinger.
Hij hangt hem om de koning.
'Het is feest,' zegt hij.
'Dat moet gevierd.
Met heel uw volk.
Met alle muizen.
En die houden van kaas.
Dus kunt u wat kaas halen?
Drinken is er genoeg.'
Koning Kat staat op.
Hij vertrouwt het niet.
Die muizen zijn iets van plan.
Maar wat?
'Goed,' zegt hij.
'Ik ga kaas halen.
Maar hij gaat mee!'
Hij wijst op De Wit.

Leve de nieuwe koning

'Daar komen ze!' roept De Bruin.
Hij geeft een teken.
Er wordt een erehaag gemaakt.
Voor Koning Kat de Eerste.
Hij is terug, met De Wit.
En met de heerlijkste kazen.
Koning Kat glimlacht en wuift.
En schudt pootjes.
Dan gaat hij op de troon zitten.
De Wit deelt drankjes uit.
De Bruin gaat rond met de kaas.
'Kaas?' roept koning Kat.
'Dat lust ik niet.'
'Wat had u dan gewild?'
De koning kijkt om zich heen.
Naar zijn Zoldervolk.
Wat een heerlijke muizen.
En zo dichtbij!
Dit gaat mis, denkt De Bruin.
Hij roept De Wit erbij.
Lust de koning geen kaas?
Geen probleem.
De Wit heeft iets anders voor de koning.
Hij frommelt onder zijn jas.
'Hebbes!' zegt hij.

Hij houdt een vis bij de staart.

Hij loopt ermee naar de koning.

'Verrassing!' roept hij.

'Voor u meegebracht.

Uit het Kelderrijk.'

Koning Kat snuift de geur op.

'Ruikt goed,' zegt hij.

'En smaakt nog beter!' zegt De Wit.

Koning Kat denkt na.

Vlees of vis, dat is de vraag.

Waar heeft hij trek in?

Hij kijkt naar zijn volk.

Wat een heerlijke muizen!

Zomaar voor het grijpen.

'Jij daar!' roept hij.

Hij wijst op een dikke muis.

'Kom jij eens hier!'

'Ikke?' vraagt de dikke muis.

'Jij, ja.'

Alle muizen zwijgen.

Er gaat iets ergs gebeuren.

De koning staat op.

Hij pakt de dikke muis bij de poot.

De koning kwijlt van genot.

'Ik ben erg taai!'

zegt de dikke muis.

'Wij allemaal,' zegt De Wit.

'Daar staan wij om bekend.
Wij zijn een taai volkje!'

De koning gelooft er niets van.
Hij zet zijn tanden in de poot.
'Stop!' roept De Bruin.
Koning Kat laat de poot los.
'Eet mij maar op,' zegt De Bruin.
Hij biedt de koning zijn poot aan.
De koning aarzelt.
De Bruins poot is lang zo dik niet.
Maar hij doet het ermee.
Hij opent zijn bek.
'Stop!' zegt De Wit.
'Wat nu weer!' zegt de koning.

'Het is feest,' zegt De Wit.

'En dan kunnen we niemand missen.

En zeker De Bruin niet.

Zonder hem was u geen koning.'

De koning laat De Bruin los.

'Eet vandaag toch vis,' zegt De Wit.

'En dan zien we morgen wel weer.

Peper en zout erbij?'

Hij haalt een doosje uit zijn zak.

Voor al uw ongedierte, staat erop.

Hij strooit de inhoud op de vis.

Hij legt de vis op een schaal.

Met de goeie kant naar boven.

'Eet smakelijk, koning!'

De koning neemt een hap.

Hij kauwt.

Hij slikt.

En dan gebeurt het.

Hij rolt met zijn ogen.

Hij schuimbekt en kokhalst.

Hij grijpt naar zijn keel.

De vis moet eruit.

Maar hij is al te ver.

De koning schiet in een kramp.

Zijn lijf trilt en schokt.

Dan zwaait de deur open.

Een koude tocht vult de zaal.

Op de drempel staat de Dood.

Hij loopt naar de troon.

Hij pakt de koning bij zijn poot.

'Komt u maar mee!' zegt hij.

Het klinkt als een bevel.

De koning verzet zich.

Maar de Dood is sterker.

Hij sleurt de koning de zaal uit.

Op de drempel blijft de Dood staan.

Hij pakt de kroon.

En werpt hem de zaal in.

De Bruin vangt hem op.

Hij zet hem op de kop van De Wit.

Hij zit als gegoten.

'Leve de nieuwe koning,' zegt hij.

'Koning De Wit de Eerste!'

Koning De Wit glimlacht.

'En leve zijn lakei!' roept hij.

Hij schudt De Bruin de poot.

Het muizenvolk juicht.

'Piep, piep, hoera!'

Ik had ze bijna in mijn klauwen.
Ik had ze bijna in mijn bek.
Lekker kauwen, lekker knauwen
op een stukje muizenspek.
Gek ben ik op muizen,
muizen in mijn bek!
Mis poes, mis poes.
Lekker, lekker mis.
Eet jij maar lekker vis, poes.
Vis poes, vis poes, vis!
Maar ik krijg ze wel te pakken.
Krijg ze echt wel in mijn poot.
Lekker smekken, lekker smakken
op zo'n malse muizenmoot.
Dood aan alle muizen.
Muizen in mijn poot!

In Spetter 4 zijn verschenen:

Spetter is er ook voor kinderen van 6 en 8 jaar.

Boeken met dit vignet zijn op niveaubepaling geregistreerd en gecontroleerd door KPC Onderwijs Adviseurs te 's-Hertogenbosch.

4 5 6 7 / 09 08 07 06

ISBN 90.276.8620.3 • NUGI 220

Vormgeving: Rob Galema (studio Zwijsen)
Logo Spetter en schutbladen: Joyce van Oorschot

© 2000 Tekst: Koos Meinderts
Illustraties: Annette Fienieg
Uitgeverij Zwijsen Algemeen B.V. Tilburg

Voor België:
Uitgeverij Infoboek N.V. Meerhout
D/2000/1919/184